LA CRISE 1870-1871

ET LES

SOCIÉTÉS DE CRÉDIT

A MARSEILLE

PAR

ALEXIS ROSTAND

SOUS-DIRECTEUR DE L'AGENCE A MARSEILLE
DU COMPTOIR D'ESCOMPTE DE PARIS

Extrait du JOURNAL DE MARSEILLE,
n°° des 28, 29 juillet et 1er août.

MARSEILLE

TYPOGRAPHIE MARIUS OLIVE

39, RUE SAINTE, 39

1871

LA CRISE 1870-1871

ET LES

SOCIÉTÉS DE CRÉDIT

A MARSEILLE

LA CRISE 1870-1871

ET LES

SOCIÉTÉS DE CRÉDIT

A MARSEILLE

PAR

ALEXIS ROSTAND

SOUS-DIRECTEUR DE L'AGENCE A MARSEILLE
DU COMPTOIR D'ESCOMPTE DE PARIS.

Extrait du JOURNAL DE MARSEILLE,
n^{os} des 28, 29 juillet et 1er août.)

MARSEILLE

TYPOGRAPHIE MARIUS OLIVE
RUE SAINTE, 39.

1871.

LA CRISE 1870·1871

ET LES

SOCIÉTÉS DE CRÉDIT

A MARSEILLE

(Extrait du JOURNAL DE MARSEILLE,

n⁰ˢ des 27, 28 juillet et 1ᵉʳ août.)

I

Tout le monde a remarqué, il y a quelques jours, l'opinion du journal financier anglais le plus autorisé, sur la situation de la plus grande institution de crédit française, où viennent se résumer toutes les opérations du commerce et de l'industrie de notre pays.

Il résulte des appréciations de l'*Economist*, qu'après une période de crise telle que nul autre pays n'en a jamais traversé, la situation de la Banque de France paraît offrir à nos voisins d'outre-Manche plus de sécurité que celle même de la Banque d'Angleterre et des établissements de crédit considérés comme les plus puissants et les plus sûrs par le commerce anglais. Cette constatation, faite publiquement par ceux-là mêmes avec qui nous cherchons à rivaliser, et, au moment où notre emprunt est deux fois couvert, est bien faite pour satisfaire notre amour-propre national. Mais ce serait là, il faut l'avouer, une puérile et bien inutile satisfaction, si nous ne cherchions en même temps, pour l'enseignement de l'avenir, à discerner les causes qui ont pu préserver notre commerce et sauvegarder notre crédit.

Ce serait certes un sujet trop étendu et qui échapperait à notre appréciation que d'étudier la situation du commerce français depuis le début de la crise ; nous laissons ce travail à de plus habiles et de plus autorisés. Mais c'est du moins préparer des éléments pour une étude d'ensemble, que d'examiner la question dans un champ plus restreint : — et il nous paraît utile, ou tout au moins intéressant, de faire ressortir par quel concours de circonstances notre commerce local a pu mieux tenir tête à l'orage qu'en 1848, et traverser, à son honneur et presque sans encombre, des épreuves bien autrement périlleuses.

II

La crise 1870, comme celle de 1848, surprit Marseille en pleine activité. Enrichis par la longue prospérité de l'Empire, rassurés sur l'avenir par le succès du plébiscite, notre commerce et notre industrie travaillaient à l'envi, et si quelque partie souffrait par suite de circonstances particulières, l'ensemble du moins était satisfaisant et justifiait l'ambition que Marseille avait d'être le Liverpool français.

Pour répondre à cette activité et la développer, de puissants capitaux étaient à la disposition de notre commerce ; l'argent affluait de toutes parts, et c'était à qui, des banquiers particuliers et des sociétés de crédit, mettrait, à plus bas prix, des fonds au service, — j'allais presque dire, à la merci, — de qui en avait ou n'en avait pas besoin. C'est qu'en effet, depuis 1848, l'ensemble des capitaux mis en œuvre à Marseille s'était singulièrement accru ; de grandes Sociétés de crédit s'étaient établies sur la place et avaient apporté le concours de leurs puissantes ressources et l'appui non moins grand du crédit particulier à chacune d'elles.

— En Juillet 1870, il n'y avait pas moins de six établissements de ce genre, institutions locales, ou succursales de Sociétés ayant siége à Paris et à Lyon. C'étaient — par ordre alphabétique — le Comptoir d'Escompte de Paris, le Crédit Agricole, le Crédit Lyonnais, la Société Générale, la Société Générale Algérienne, depuis peu à Marseille, et la Société Marseillaise ; vint ensuite le Comptoir Communal d'Escompte qui fut créé pendant la crise, et à cause d'elle. A côté de cet ensemble imposant de capitaux, se plaçait le groupe des banquiers particuliers dont le nombre était à peu près le même qu'en 1848, mais dont les ressources s'étaient accrues pendant la période de calme, si propice aux affaires, qui avait succédé aux agitations de 1848.

Si donc nous évaluons à vingt ou vingt-cinq millions les fonds mis en œuvre par les banquiers particuliers, et à trente ou trente-cinq (dépôts compris) ceux dont les Sociétés de crédit pouvaient faire spécialement usage pour Marseille, nous avons un total d'environ cinquante millions mis à la disposition du commerce, pour les opérations que ne pouvait et ne devait pas faire la Banque de France. — Ces ressources étaient plus que suffisantes, même en tenant compte du développement énorme pris par les affaires à Marseille et des besoins nouveaux qu'elles comportaient ; elles étaient décuplées par l'immense mouvement que le crédit donne à l'argent, mouvement qu'assure, en France, le puissant concours de la Banque, grande mer où viennent aboutir tous les grands fleuves et les petits courants de la circulation commerciale.

Telle était la situation du commerce au moment dont nous parlons. Telles étaient les ressources sur lesquelles il pouvait faire fond : — voyons quel secours ces ressources ont pu apporter à la place, au moment où la crise vint si inopinément fondre sur elle.

III

L'effet immédiat des événements fut d'ébranler la confiance et de resserrer le crédit; dès nos premiers revers, l'impression fut immense; la panique gagnait de proche en proche; les retraits de dépôts se multipliaient. Les banques qui voyaient ainsi leurs ressources diminuer, ne pouvaient en même temps satisfaire à tous les besoins. De nouveaux clients, devant qui d'anciennes portes se fermaient, accouraient en foule et venaient solliciter l'escompte et des facilités de toute nature. La Banque de France, qui avait le devoir de maintenir plus haut que jamais son crédit, devenait plus circonspecte. Epouvantés au souvenir de 1848, bon nombre de banquiers particuliers et quelques Sociétés de crédit se retiraient du marché presque complétement, et ne devaient y rentrer qu'après la crise. Enfin, peu de temps après, l'établissement du cours forcé était décrété et la première loi de prorogation promulguée.

Impressionnés par une situation aussi grave, — ne pouvant plus, par suite des lois de prorogation, apprécier exactement l'étendue de leurs risques, — effrayés des im-

menses besoins d'argent qui se produisaient impérieuse-
ment de toutes parts, privés bientôt de toute communi-
cation avec la capitale et leurs administrations centrales,
— préoccupés de la lourde responsabilité qui pesait sur
eux, les chefs de maisons et les directeurs des établissements de crédit qui avaient le courage de continuer leur
concours au commerce, durent prendre les mesures que
commandaient les circonstances.

Il fallait, avant tout, conserver l'immédiate disponibilité
de ses ressources et éviter toute affaire entraînant une
immobilisation de capital. Quels que fussent les inconvé-
nients qui pouvaient en résulter, les banques s'interdirent
dès lors toutes les catégories d'opérations présentant ce
grave danger ; c'étaient :

1° L'escompte du papier, dit *détourné* ou *déplacé*, soit
créé sur les villes de France où la Banque n'a pas de succursales, et ne pouvant par suite être réescompté.

2° Les avances sur titres que la Banque de France
refusait, elle aussi, et qui étaient à ce moment irréalisables.

3° Les avances sur marchandises déposées dans des
magasins particuliers qui ne pouvaient donner lieu à des
warrants négociables.

4° Les avances garanties par hypothèques.

Dans les circonstances difficiles que traversait notre
commerce, quelle fut pour lui la conséquence de ces mesures ?

IV

Le refus d'escompter du papier détourné dut certaine-
ment apporter, dans le premier moment de la crise, bien
des troubles dans nos industries locales.

La savonnerie, l'huilerie. la minoterie, la tannerie, etc.,
qui expédient journellement leurs produits dans l'intérieur,
furent fortement atteintes; mais, dans le péril où était
notre place, il parut dès lors préférable à qui sait s'élever
à une vue d'ensemble, de surcharger isolément, dans des
proportions restreintes, les portefeuilles d'un grand nombre d'industriels bien placés, que d'immobiliser rapidement les quatre ou cinq groupes de capitaux qui devaient
être la principale ressource du commerce pendant la crise.

D'ailleurs, l'impossibilité où notre industrie se trouvait
de réescompter les valeurs provenant de ses expéditions,
eut l'incontestable avantage de la forcer, malgré elle, et
malgré l'appât de dangereux bénéfices, à réduire ses envois
dans l'intérieur, au moment où les communications étaient
incertaines et les crédits fort ébranlés.

A Paris, le Comptoir d'Escompte put s'entendre avec la Banque de France pour obtenir d'elle, sous sa garantie, des avances sur les valeurs détournées provenant du commerce parisien ; malheureusement, cette faculté ne fut pas étendue à la province. — Ce ne fut pas la seule fois que, pendant la triste période dont nous parlons, et dans les circonstances les plus critiques, la préoccupation des gouvernants ne dépassa pas le rayon de la capitale.

Quoi qu'il en soit, dans la pratique, les Sociétés de crédit acceptèrent assez de valeurs détournées pour soutenir, sans se compromettre, ceux de leurs clients qui en avaient un urgent besoin et qu'elles ne pouvaient aider par d'autres facilités.

Quelque temps après, le Comptoir Communal fut créé par un groupe d'hommes éclairés, sous le patronage et avec une garantie de la ville et de la Chambre de Commerce.

Le nouvel établissement, fondé en septembre, vers le début de la crise, ne put fonctionner que le 15 novembre, par suite des difficultés qu'il rencontra, à cause de l'extrême rareté de l'argent, pour réaliser son capital effectif. Par une combinaison ingénieuse, le Comptoir Communal put accepter les valeurs détournées sans immobiliser son capital ; il émit des bons à une échéance correspondant à l'échéance moyenne des remises escomptées. Les plus puissants établissements de crédit facilitèrent cette combinaison, en escomptant ces bons sans restriction et sans partialité.

Quant aux reports sur titres, les Sociétés de crédit les proscrivirent, il est vrai, en principe ; elles les refusèrent impitoyablement aux personnes placées en dehors du commerce et que la panique poussait à se faire des ressources disponibles, en endossant à d'autres le risque des valeurs qu'elles avaient en mains. Mais nous pouvons affirmer qu'elles les consentirent toutes les fois que cette opération put sauver un industriel ou un négociant.

La plupart des crédits ouverts sous la garantie de valeurs ou d'hypothèques furent maintenus et ne firent pas défaut à ceux à qui, en ce moment, ils étaient d'un indispensable secours.

Au reste, trois des Sociétés qui n'abandonnèrent pas un seul instant le marché pendant ces temps difficiles, s'entendirent pour pratiquer plus largement toutes ces opérations. Leur entente devait surtout les mettre en mesure de faire des avances sur des marchandises déposées dans les magasins particuliers dont la nécessité devenait de jour en jour plus urgente.

Ces Sociétés, nous croyons qu'il y aurait injustice à ne pas les citer, — la véritable partialité serait à taire ici ce que tout le monde a pu constater, — ce furent le *Crédit Agricole*, la *Société Marseillaise* et le *Comptoir d'Escompte*.

Dès les premiers jours de la crise, ces établissements furent d'accord de faire souscrire des billets à leurs emprunteurs par voie de nantissement, et de se les endosser réciproquement, si besoin était. Le papier résultant de ces opérations offrait à la Banque, en outre de la garantie implicité du titre ou de la marchandise, celle de trois signatures, dont deux très-puissantes.

Le Comptoir Communal entra bientôt après, dès sa création, dans la même voie.

V

Les sociétés qui surent ainsi prendre, dès le début, une attitude aussi utile au commerce, en furent promptement récompensées par la confiance qu'elles inspirèrent.

Quelque effrayante que fût la situation de notre pays. les retraits de dépôts avaient été bien loin de ressembler au « *run* » qui fondit sur les banques anglaises au moment de la crise de 1866 et qui causa de si terribles catastrophes le jour du *black friday* (le noir vendredi.)

La plupart des banques françaises avaient remboursé leurs dépôts à présentation ; — plusieurs même n'avaient pas pris le temps de réunir et de réaliser celles de leurs ressources qui pouvaient être éparpillées ou immobilisées. A Marseille, quand on eut vu fonctionner, dans ces jours de détresse, les banques qui eurent le courage de rester au service du commerce, la confiance en elles revint telle, que bien des épargnes leur furent apportées. Ce public si divers, si impressionnable, qui compose la clientèle des comptes de dépôts, se reprit à avoir confiance et vint de nouveau leur apporter ses fonds ; il voulait les mettre autant que possible à l'abri des pires éventualités, dont quelques-unes ne devaient être plus tard que trop justifiées.

D'autre part, les capitaux dont disposaient les sociétés en question s'accrurent depuis le moment où Paris fut bloqué, par le fait même de l'interruption des communications.

Bien des remises, qui auraient dû être dirigées aux administrations centrales ou aux correspondants à Paris de ces établissements, durent reprendre le chemin de la province. Marseille étant le point le plus éloigné et le plus à l'abri de l'invasion, reçut naturellement le plus grand nombre d'envois. Ces remises, qui atteignaient un chiffre considérable, embarrassaient ceux qui en avaient la responsabilité ; — quelques-uns les refusèrent ; — d'autres, poursuivant leur rôle jusqu'au bout, les accueillirent ; si bien que telle et telle Société eut ainsi, à certains moments, jusqu'à 15 ou 20 millions, dont une notable partie provenait de remises de ce genre.

VI

C'est pour parer au danger que présentait l'accumulation de ces capitaux, et en prévision des demandes de remboursement qui pouvaient se produire subitement, sous la pression de telle ou telle circonstance, que les Sociétés de crédit avaient dû repousser toute affaire entraînant une immobilisation de fonds. Nous avons vu par quels procédés elles avaient réussi à atténuer ce que ces prudentes restrictions avaient de trop rigoureux. Si maintenant nous en venons aux opérations pour lesquelles elles pouvaient compter sur le puissant concours de la Banque de France, nous pourrons mieux encore apprécier toute l'étendue des services qu'elles rendirent à la place.

Au moment de la crise, il est hors de doute que notre commerce aurait éprouvé les mêmes sinistres qu'en 1848, si les négociations étaient devenues impossibles et si les capitaux énormes, qui étaient engagés sur des marchandises ordinairement réalisables, s'étaient trouvés brusquement immobilisés ; heureusement, il n'en fut pas ainsi.

Chacune des Sociétés dont nous parlons, continua à escompter les valeurs bancables à deux signatures et en accueillit journellement un chiffre relativement considérable. Nous pouvons affirmer, d'après des données certaines et qu'il serait aisé de justifier, que le chiffre de leurs escomptes varia, du mois d'août 1870 au mois de mai 1871, suivant les circonstances et les besoins qui se produisirent, de 12 à 20 millions par mois.

On voit de quel secours put être à la place ce puissant concours, dans un moment où l'argent était devenu si rare et où, en même temps, le commerce pouvait user du secours de la prorogation.

On est aujourd'hui, je crois, universellement d'accord pour reconnaître que les lois de prorogation, qui eurent leur utilité dans le début, jetèrent, par leur renouvellement prolongé, une grave perturbation dans les affaires. Le chevauchement des lois successivement édictées et leur rédaction vicieuse furent tels, qu'on eut le singulier spectacle de voir toutes les maisons de banque du pays décliner toute responsabilité à l'égard des protêts. La Banque de France elle-même, — institution quasi-officielle, — avertie trop tard de la promulgation de quelques-unes de ces lois, fit à plusieurs reprises protester indûment.

Si nous rappelons ces circonstances, c'est qu'on ne saurait trop insister sur les difficultés que rencontrèrent, dans le détail et la pratique de tous les jours, les banques qui continuèrent courageusement leurs escomptes. La liquidation des échéances s'est faite plus tard, heureusement ;

mais il faut avoir vu de près de gros portefeuilles bondés de valeurs prorogées et surchargées de ces petites fiches multicolores qui en modifiaient l'échéance et la valeur, pour apprécier combien elle a été minutieuse et pénible.

VII

Si les services que rendirent les Sociétés de crédit furent considérables pour l'escompte des valeurs de commerce à deux ou trois signatures, bien plus important encore fut leur rôle pour la négociation des warants et les avances sur marchandises. Ceux-là seuls qui ont vu de près, à ce moment, quelles sommes énormes étaient immobilisées sur des marchandises devenues irréalisables, peuvent se rendre compte de l'extrême utilité qu'eut l'intervention de ces établissements, familiarisés depuis longtemps à ce genre d'opérations, dont l'importance de leurs capitaux leur avait toujours donné, en quelque sorte, le monopole.

La crise de 1870 a démontré de quel immense secours pouvait être, dans les temps difficiles, l'usage du warant. Il ne s'attache plus aujourd'hui à l'avance sur marchandise l'injuste défaveur dont elle avait été jusque-là l'objet ; on a compris, enfin, qu'il est plus naturel et plus commode, pour un industriel ou un négociant, d'emprunter sur des sucres, des cafés, des cotons, etc., — objets de toute nécessité, forcément réalisables à un terme assez rapproché,—

que de demander de l'argent sur des titres ou des immeubles irréalisables peut-être pour longtemps. Aussi les plus puissantes maisons vainquirent-elles leurs répugnances pour le warant. Tout le monde usa du procédé et fit argent de sa marchandise, pour attendre des jours meilleurs.

Par une sorte d'accord tacite, tous les membres du haut commerce avaient à cœur de déblayer le terrain en acquittant leurs échéances. Malgré des opinions très-diverses exprimées dans diverses réunions privées tenues à la Banque et à la Chambre de Commerce, c'était à qui donnerait l'exemple et contribuerait, pour sa part, à maintenir vis-à-vis de l'étranger, par cette régularité excédant la loi, une grande situation que les événements avaient amoindrie. Ce rôle, grâce au warrant, on put le soutenir jusqu'au bout. Peu à peu, les établissements de crédit se trouvèrent substitués aux créanciers étrangers qui avaient encombré la place de leurs marchandises. La place conservait son haut rang, et si malheur arrivait, au moins pouvait-on « laver son linge sale en famille. »

Bientôt, cependant, tous les magasins généraux furent remplis ; après les Docks, le domaine Nadaud ; après le domaine Nadaud, les magasins Baquère ; puis, un à un, tous les magasins particuliers libres en ville ; l'encombrement fut tel, qu'une des moindres difficultés ne fut pas de faire assurer les risques ordinaires d'incendie, — toutes les compagnies ayant leur plein.

Cafés, sucres, blés, cuirs, laines, cotons, soies, métaux, graines oléagineuses, savons, huiles, etc., matières premières ou marchandises ouvrées, furent tour à tour mises en gage ; on escomptait soit les récépissés-warrants, soit des billets à ordre, appuyés de la remise des clefs des magasins ou des piles contenant la marchandise. Il y eut un moment où les prêteurs eurent des échantillons de toutes les variétés de produits qui font l'objet du commerce marseillais.

Cependant, l'attitude des Sociétés dont nous avons parlé ne se démentit pas un instant. La Société Marseillaise, le Crédit Agricole, le Comptoir d'Escompte, le Comptoir Communal consentirent sans interruption des chiffres énormes d'escompte de warrants et d'avances sur nantissements.

Le Comptoir d'Escompte recevait, en outre, journellement, des quantités considérables de marchandises provenant des expéditions faites, de l'Indo-Chine et des colonies, au commerce français. Ces marchandises servaient de garantie aux traites escomptées par les agences lointaines du Comptoir. Comme elles étaient invendables, personne n'acquittait les traites ; les arrivages se succédaient et il fallait emmagasiner. Cependant aucun gage ne fut sacrifié, aucune liquidation ne fut forcée et, à la fin de la crise, plus d'un négociant put réaliser sa marchandise avec même un bénéfice égal, sinon supérieur à celui qu'il avait espéré.

Nous ignorons si l'escompte des warants fut pratiqué à un taux exagéré : ce que nous savons, c'est qu'il se trouvait à ce moment, peu d'assureurs pour garantir, à bas prix, les risques de guerre, d'émeute ou d'incendie ; — et l'endossement des Sociétés en question représentait, auprès de la Banque, une véritable assurance contre des risques que personne ne peut méconnaître.

Qui ne songeait, à ce moment, à l'invasion étrangère ? — Qui ne redoutait la convoitise que devaient inspirer à l'ennemi les richesses accumulées dans notre ville ? — Qui ne craignait des désastres semblables à ceux qui ont marqué, à Paris, la chute de la Commune ? — Qui ne se souvient de ces menaces si souvent répétées contre les Docks ?

VIII

L'attitude de la Banque de France fut conforme à ce qu'on devait attendre de cette grande institution nationale. Elle doit être rappelée ici, car elle fut aussi à la hauteur de la tâche qui lui incombait.

Tout le monde sait les services que la Banque a rendus au Gouvernement, dans un temps où ce rôle était périlleux et où il était pourtant d'un intérêt majeur pour le pays, qu'elle maintint intact son crédit en Europe. — Le concours qu'elle prêta au commerce ne fut ni moins large, ni moins éclairé. — Une fois le premier moment de surprise passé, elle sut hardiment donner l'exemple ; elle ne fut ni méfiante, ni timorée. Elle accueillit largement les escomptes sans se laisser rebuter par les embarras de toute nature que créaient à cet énorme portefeuille les prorogations dont elle eut un moment à supporter tout le poids. Elle favorisa de son appui et de son autorité la pratique du warrant, et ce fut elle qui poussa, encouragea et soutint les établissements de crédit dans la voie que nous avons indiquée. — Aussi en fut-elle amplement récompensée : les banques privées et publiques tinrent à honneur de retirer au plus tôt de ses mains les effets impayés qui portaient leur endossement ; c'était comme une dette de reconnaissance qu'on avait à acquitter envers la Banque. La situation de son portefeuille s'éclaircit rapidement, et on a pu voir aujourd'hui, par les bilans officiels, que le chiffre d'impayés qui lui reste en mains est relativement insignifiant.

Le crédit de la Banque s'est comme raffermi dans cette terrible crise ; il paraît, à nos voisins, reposer sur des garanties plus solides encore que celles de leurs propres institutions de crédit, et nous voyons ce fait extraordinaire, qu'après des malheurs épouvantables, au moment même où le cours forcé est jugé nécessaire, le billet de banque n'est sujet à aucune dépréciation.

Il nous faut donc rendre justice aux hommes qui ont dirigé la Banque de France pendant ces temps difficiles, et notamment, — puisque nous nous restreignons à une étude locale, — à Monsieur le Directeur de la succursale de Marseille ; son concours dévoué n'a pas fait un seul instant défaut à notre commerce, malgré les rudes épreuves de la guerre civile, malgré le chagrin de la conquête étrangère qu'il a dû ressentir plus profondément que tout autre, et que nous avons comme un regret de réveiller ici.

IX

Il y a, en effet, dans la pratique des affaires, quelque chose de supérieur à la compétition des intérêts ; il y a, dans cet effort de chaque jour auquel tant d'existences doivent le bien-être, — auquel le pays tout entier doit sa prospérité et sa situation dans le monde, une morale élevée qui impose bien des devoirs à ceux qui ont leur part, — petite ou grande, — dans cette activité. A ces devoirs, — qui devinrent au moment du danger difficiles à remplir, — les grandes institutions de crédit de notre pays ne faillirent pas.

Des esprits inquiets, pusillanimes ou intéressés, avaient annoncé qu'au premier ébranlement, on verrait s'écrouler toutes ces puissantes machines que la prospérité continue des vingt dernières années avait multipliées.

Il n'en a rien été : non-seulement les sociétés de crédit se sauvèrent elles-mêmes, mais encore elles sauvèrent les autres.

Elles avaient, par leur constitution, des ressources considérables ; ces ressources, leur origine officielle, je dirai presque nationale, les engagea à ne pas les retirer au commerce.

Groupées autour de la Banque, elles lui permirent, grâce à la garantie de leurs capitaux et de leur crédit, d'accroître, dans une proportion énorme, le chiffre d'opérations qu'elle aurait pu consentir au commerce et aux banques privées, dont le rôle et les intérêts sont différents.

Par la vulgarisation des dépôts qu'elles avaient encouragée et que le chèque (encore un usage qu'on leur doit) avait facilitée, elles avaient utilisé tous les petits capitaux inactifs et multiplié les ressources mises à la disposition du commerce.

Nous avons vu comment ces ressources auxiliaires ne firent même pas défaut au moment du danger. Enfin, elles avaient amené en France et acclimaté la pratique du warrant, qui sauva le commerce de la ruine, quand survinrent les désastres de 1870.

Plus hardies que les banques privées, elles sont et seront toujours amenées à étendre au loin leurs relations, à s'établir à côté de l'étranger, à aller même jusque chez lui, lui faire concurrence et à s'assimiler ses meilleurs procédés.

Là est la vérité des faits.

De ces faits, la conclusion qui doit se dégager est donc que, si la crise de 1870, bien plus terrible que celle de

1848, n'eut pas les mêmes désastreuses conséquences, c'est grâce à la diffusion, au libre jeu des institutions de crédit et aux usages qu'elles avaient peu à peu donnés au commerce français.

Il m'a semblé qu'il serait bon et utile de le faire ressortir, et que ceux-là pouvaient mieux le faire qui ont pu suivre de jour en jour et mesurer les obstacles surmontés et les résultats obtenus.